My Diary

By
Calvin R. Jones

Copyright © 2022 Calvin R. Jones

ISBN: 978-1-63751-227-2

All rights reserved. Copyright under Berne Copyright Convention, Universal Copyright Convention, and Pan-American Copyright Convention. No part of this book may be reproduced, stored in a retrieval system, or transmitted in any form, or by any means, electronic, mechanical, photocopying, recording or otherwise, without prior permission of the author.

Index:

Index:

Index:

Index:

Index:

Index:

Index:

Index:

Index:

Index:

Index:

Index:

Index:

Index:

Index:

Index:

Index:

Index:

Index:

Index:

Index:

Index:

Index:

Index:

Index:

Index:

Index:

Index:

Index:

Index:

Index:

Index:

Index:

Index:

Index:

Index:

Index:

Index:

Index:

Index:

Index:

Index:

Index:

Index:

Index:

Index:

Index:

Index:

Index:

Index:

Index:

Index:

Index:

Index:

Index:

Index:

Index:

Index:

Index:

Index:

Index:

Index:

Index:

Index:

Index:

Index:

Index:

Index:

Index:

Index:

Index:

Index:

Index:

Index:

Index:

Index:

Index:

Index:

Index:

Index:

Index:

Index:

Index:

Index:

Index:

Index:

Index:

Index:

Index:

Index:

Index:

Index:

Index:

Index:

Index:

Index:

Index:

Index:

Index:

Index:

Index:

Index:

Index:

Index:

Index:

Index:

Index:

Index:

Index:

Index:

Index:

Index:

Index:

Index:

Index:

Index:

Index:

Index:

Index:

Index:

Index:

Index:

Index:

Index:

Index:

Index:

Index:

Index:

Index:

Index:

Index:

Index:

Index:

Index:

Index:

Index:

Index:

Index:

Index:

Index:

CPSIA information can be obtained
at www.ICGtesting.com
Printed in the USA
BVHW021957150623
666004BV00017B/957

9 781637 512272